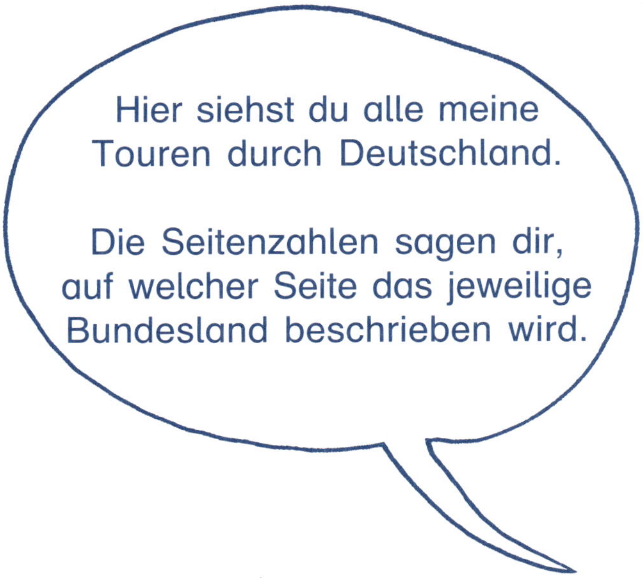

Von Küste zu Küste – Karlchen im Norden

Karlchen auf Fahrradtour – ab durch die „Mitte“

Unterwegs mit dem Schiff – Karlchen im Südwesten

Karlchen auf der Piste – im Cabrio von Süd nach Ost

Bundeshauptstadt Berlin

Karlchen Krabbelfix

Deutschland-Atlas

Inhalt

XENOS

Was weißt du über Deutschland?

„Aufgepasst!“, ruft Karlchen, „Unser heutiges Thema ist Deutschland!“ Die Kinder freuen sich. Das wird sicher interessant! Karlchen erklärt: „Deutschland liegt in der Mitte von Europa und hat dadurch mehr Nachbarn als alle anderen Länder in Europa: neun! Wisst ihr, welche Länder das sind?“

Gleich vier Schüler melden sich. „Im Norden ist es Dänemark!“, ruft Kurt.
Natalie zählt auf: „Die westlichen Nachbarn sind die Niederlande, Belgien, Luxemburg und Frankreich!“.
Moni kommt als nächste dran: „Im Osten grenzt Deutschland an Polen und die Tschechische Republik!“.
„Und die südlichen Nachbarn sind die Schweiz und Österreich!“, sagt Leon.

Karlchen fährt fort: „Deutschland ist 357 027 km² groß und hat derzeit 82,5 Millionen Einwohner. Damit ist es das bevölkerungsreichste Land in Europa!“

Karlchen zeigt auf die Deutschland-Karte, die er an die Tafel gemalt hat: „Wenn man in Deutschland unterwegs ist, trifft man immer wieder auf neue, unterschiedliche Landschaften. Im Norden ist das Land ziemlich flach.

Geografisch korrekt wird der nördliche Teil Deutschlands das Norddeutsche Tiefland genannt. Wer kennt eine typische Landschaft aus dieser Landschaftszone?“

Moni meldet sich: „Die Lüneburger Heide liegt im Norddeutschen Tiefland!“

„Sehr gut!“, sagt Karlchen. „Die nächste Landschaftszone weiter südlich nennt man die Mittelgebirgsschwelle. Das ist nicht etwa ein großes Gebirge, sondern viele kleine, sehr unterschiedliche. Kennt jemand von euch eins?“

Leon hebt eifrig die Hand: „Der Harz ist das nördlichste Mittelgebirge!“

Karlchen nickt: „Genau! Weiß jemand, was weiter südlich als Landschaftszone folgt? Ein Tipp: Einer der größten Flüsse Deutschlands, die Donau, fließt durch sie!“

Diesmal weiß Natalie die Antwort: „Dieses Gebiet nennt man Alpenvorland!“

„Richtig!“, sagt Karlchen. „Die Bezeichnung weist auch auf die vierte Landschaftszone in Deutschland hin: die Alpen! Fällt euch dazu etwas ein?“

Kurt meldet sich: „In den Alpen liegt die Zugspitze! Sie ist der höchste Berg in Deutschland!“

Karlchen ist begeistert: „Toll, was ihr schon alles wisst! Geografisch ist Deutschland also von Norden nach Süden in vier große Zonen unterteilt. Natürlich sind die Teile nicht wirklich sichtbar von einander abgegrenzt, Landschaften entstehen ja allmählich.“

Moni hat eine Frage: „War nicht Deutschland auch einmal in West und Ost aufgeteilt?“

Karlchen nickt: „Stimmt! Aber das war keine geografische Einteilung, sondern eine politische. Deutschland war als Folge des Zweiten Weltkrieges eine lange Zeit in zwei Länder geteilt. Von 1949 bis 1990 gab es die Bundesrepublik Deutschland (BRD), das war der westliche Teil, während der östliche Teil Deutsche Demokratische Republik (DDR) hieß. Seit 1990 ist Deutschland wiedervereinigt und ganz Deutschland heißt jetzt Bundesrepublik Deutschland!“

Natalie fragt ungläubig: „Die Grenze ging mitten durch Deutschland?“

„Ja“, sagt Karlchen, „und in Berlin verlief sie sogar in Form einer hohen Mauer mitten durch die Stadt! Westberlin gehörte zur BRD und Ostberlin zur DDR. Ostberlin war Hauptstadt der DDR und Bonn Hauptstadt der BRD. Nach der Wiedervereinigung Deutschlands wurde Berlin zur Hauptstadt für ganz Deutschland!“

Leon meldet sich: „Warum heißt es eigentlich Bundesrepublik Deutschland?“

„Das ist eine wichtige Frage!“, meint Karlchen. „Ich erkläre es euch!“

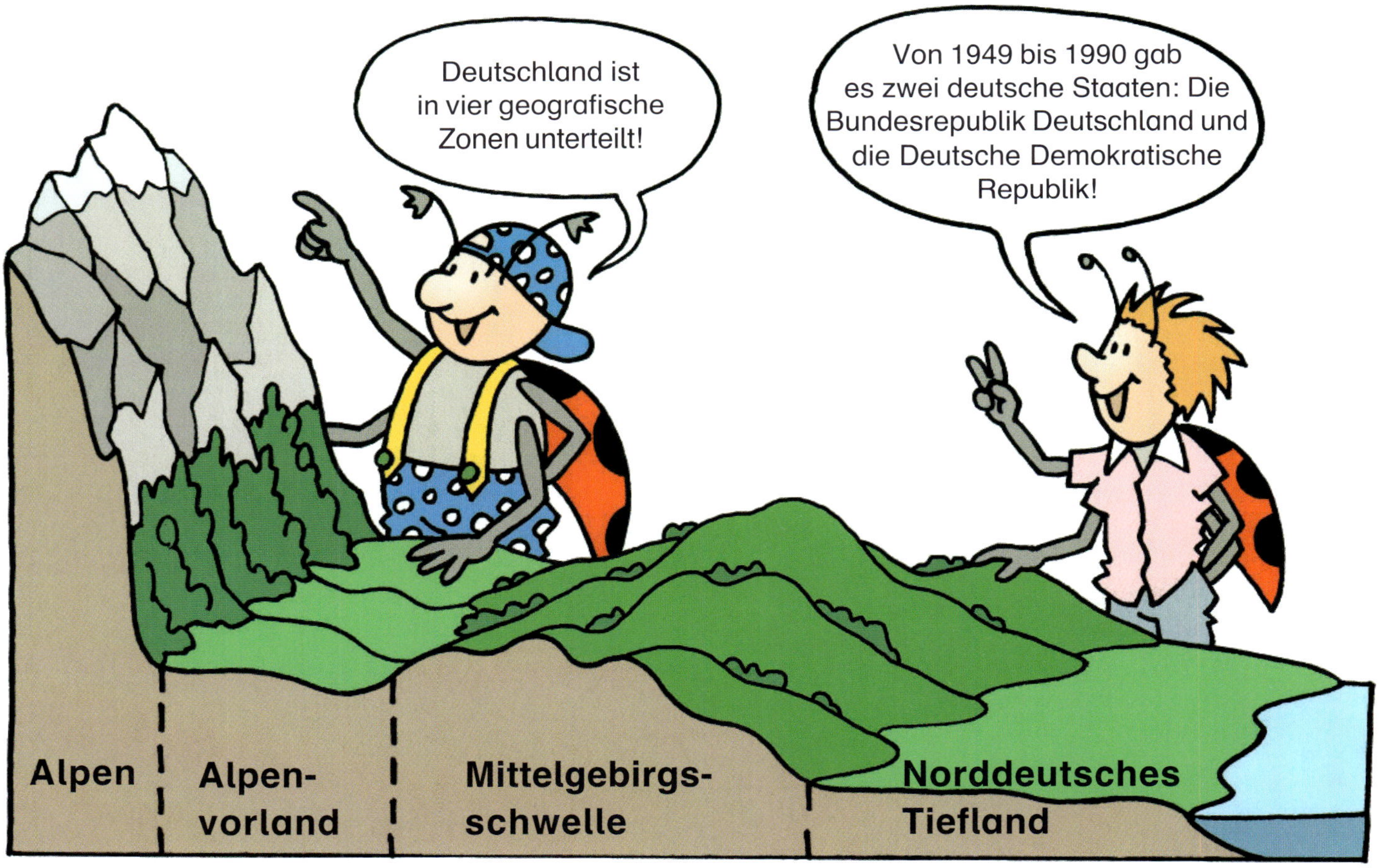

Deutschland ist eine Bundesrepublik

Deutschland ist eine demokratische Republik. Das heißt, das Volk wählt das Parlament für einen bestimmten Zeitraum, in Deutschland sind das vier Jahre. Danach wird neu gewählt.

Deutschland nennt sich Bundesrepublik, weil es aus einem Bund von Ländern besteht. Es gibt 16 Bundesländer mit je einer Landesregierung und einer Landeshauptstadt. Drei Bundesländer sind Städte: Berlin, Hamburg und Bremen.

Der Bundeskanzler bildet mit den Bundesministern die Bundesregierung.

Der Bundestag vertritt das Volk, der Bundesrat die Länder. Gemeinsam sind sie für die Gesetzgebung verantwortlich.

Das Bundesverfassungsgericht passt als höchste Rechtsinstanz auf, dass die Gesetze auch verfassungsgemäß sind, das heißt, dass sie mit dem Grundgesetz vereinbar sind.

Das Staatsoberhaupt ist der Bundespräsident. Er regiert nicht, sondern repräsentiert Deutschland.

Mecklenburg-Vorpommern
La Paloma
Kiel
Schleswig-Holstein
Hamburg
Schwerin
Bremen
Brandenburg
Niedersachsen
Potsdam
Berlin
Hannover
Magdeburg
Sachsen-Anhalt
Düsseldorf
Nordrhein-Westfalen
Sachsen
Dresden
Erfurt
Hessen
Thüringen
Wiesbaden
Mainz
Rheinland-Pfalz
Saarbrücken
Saarland
Baden-
Württemberg
Stuttgart
Bayern
München
N
W
O
S

Die Bundesländer – in alphabetischer Reihenfolge

Baden-Württemberg

Landeshauptstadt: Stuttgart
Fläche: 35 752 km²
Einwohner: 10 661 000

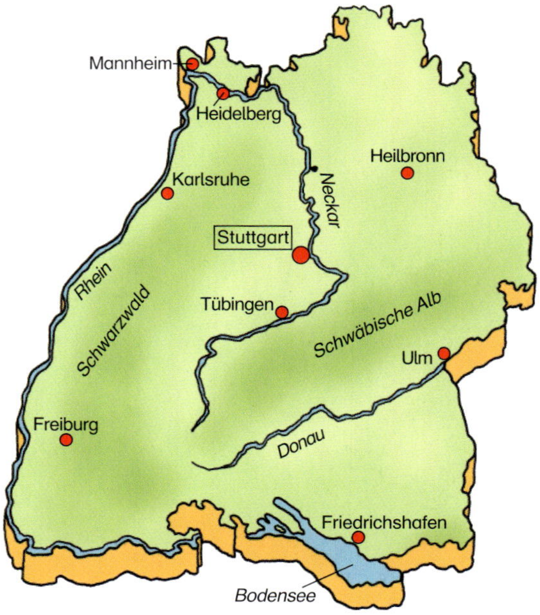

Bayern

Landeshauptstadt: München
Fläche: 70 549 km²
Einwohner: 12 387 000

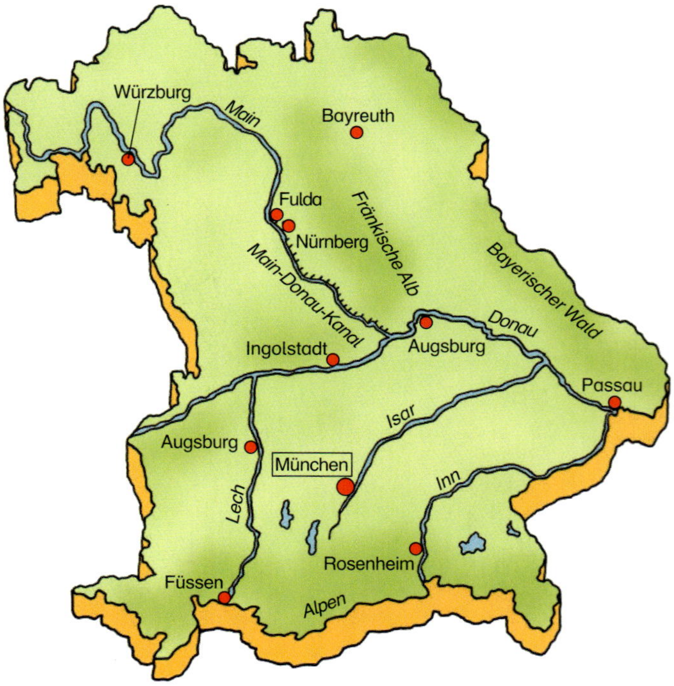

Berlin

Land, Bundes- und Landeshauptstadt
Fläche: 892 km²
Einwohner: 3 392 000

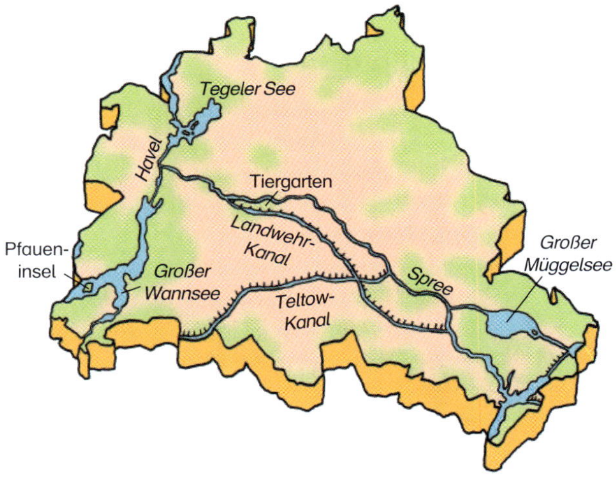

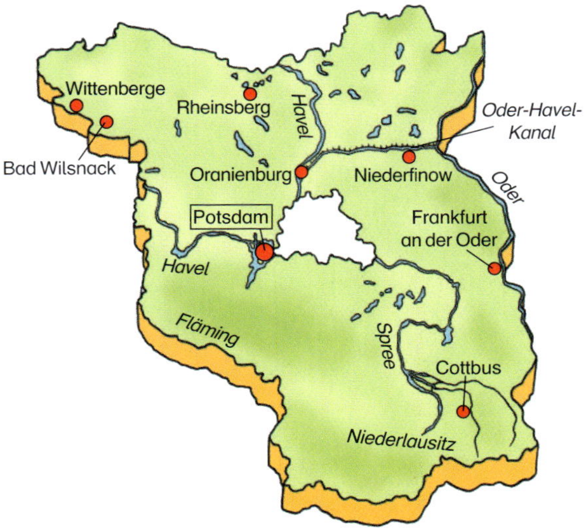

Brandenburg

Landeshauptstadt: Potsdam
Fläche: 29 477 km²
Einwohner: 2 582 000

Bremen (mit Bremerhaven)

Landeshauptstadt: Bremen
Fläche: 404 km²
Einwohner: 662 000

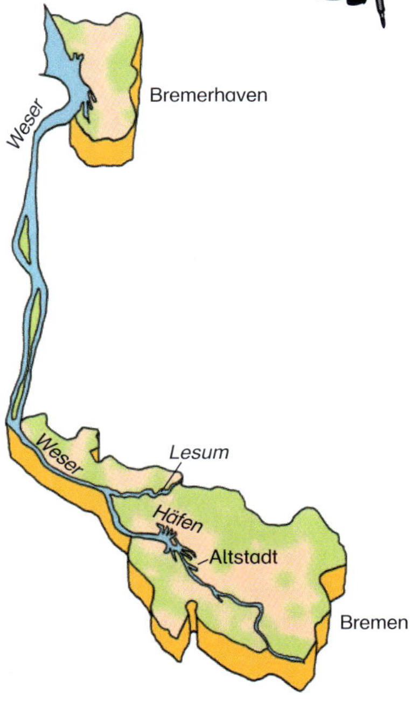

Die Bundesländer – in alphabetischer Reihenfolge

Hamburg

Land und Landeshauptstadt
Fläche: 755 km²
Einwohner: 1 729 000

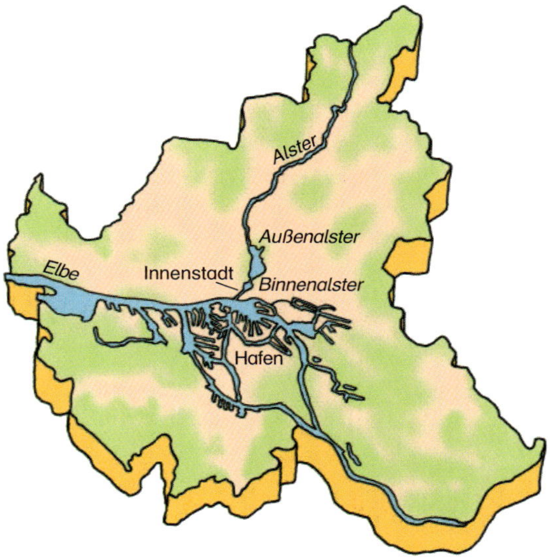

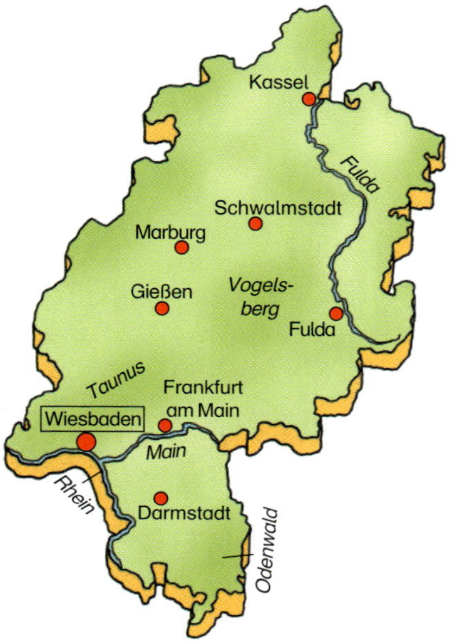

Hessen

Landeshauptstadt: Wiesbaden
Fläche: 21 115 km²
Einwohner: 6 092 000

Mecklenburg-Vorpommern

Landeshauptstadt: Schwerin
Fläche: 23 173 km²
Einwohner: 1 745 000

Niedersachsen

Landeshauptstadt: Hannover
Fläche: 47 618 km²
Einwohner: 7 980 000

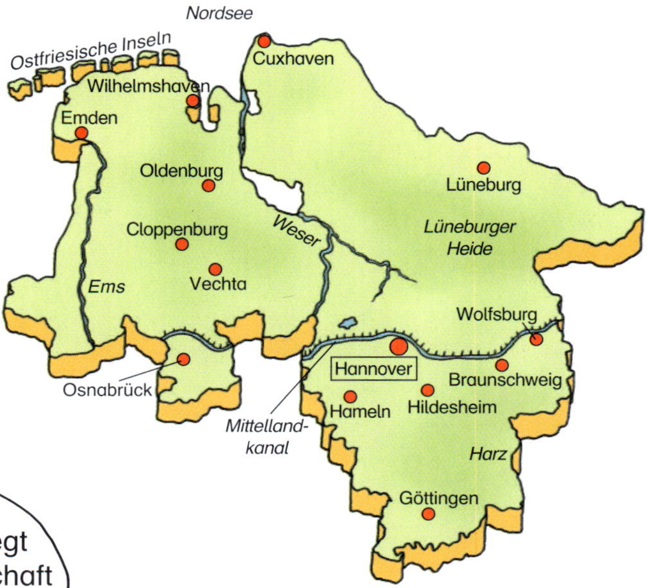

Nordrhein-Westfalen

Landeshauptstadt: Düsseldorf
Fläche: 34 083 km²
Einwohner: 18 076 000

Die Bundesländer – in alphabetischer Reihenfolge

Rheinland-Pfalz

Landeshauptstadt: Mainz
Fläche: 19 847 km²
Einwohner: 4 058 000

Saarland

Landeshauptstadt: Saarbrücken
Fläche: 2 569 km²
Einwohner: 1 065 000

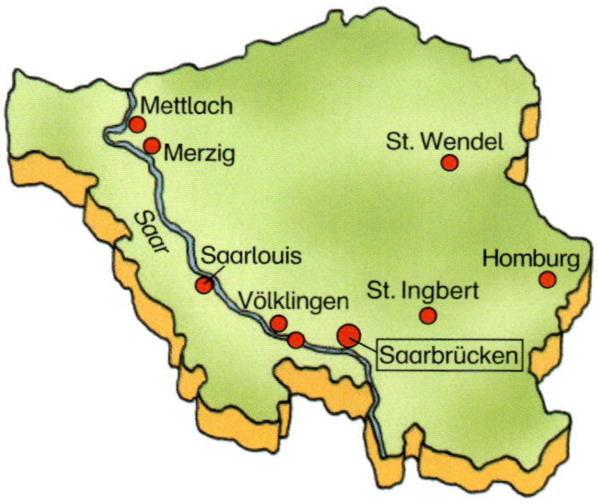

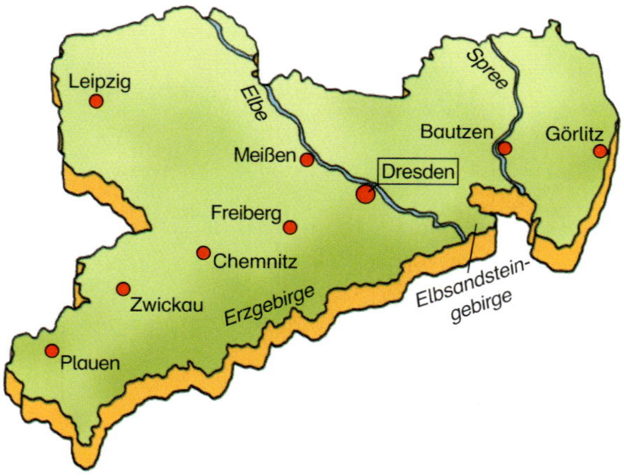

Sachsen

Landeshauptstadt: Dresden
Fläche: 18 413 km²
Einwohner: 4 349 000

Sachsen-Anhalt

Landeshauptstadt: Magdeburg
Fläche: 20 447 km²
Einwohner: 2 549 000

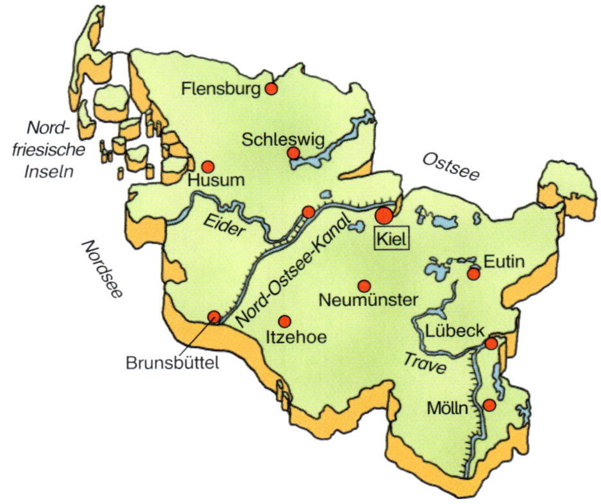

Schleswig-Holstein

Landeshauptstadt: Kiel
Fläche: 15 763 km²
Einwohner: 2 817 000

Thüringen

Landeshauptstadt: Erfurt
Fläche: 16 172 km²
Einwohner: 2 392 000

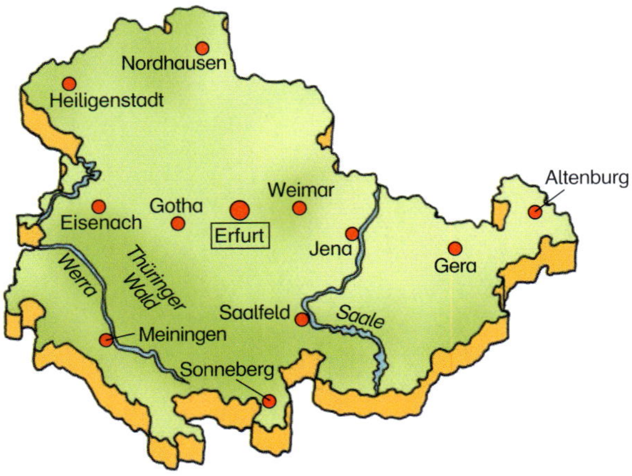

Von Küste zu Küste – Karlchen im Norden

Heute breche ich zu einer Tour durch den Norden Deutschlands auf! In **Mecklenburg-Vorpommern** geht's los!

In **Schwerin** trifft Karlchen seinen Freund Werner, den Bauern. Er erzählt von seiner Heimat:

„**Mecklenburg-Vorpommern** ist ein beliebtes Reiseziel in Deutschland! Die über 300 km lange Ostseeküste mit schönen Stränden, Buchten und traditionsreichen Bädern, dazu die weite und waldreiche Landschaft mit ihren vielen Seen, das alles lockt viele Touristen an. Daneben ist die Landwirtschaft ein weiterer wichtiger Wirtschaftszweig für das Land."

Im Gasthaus stärken sich die beiden mit **Kloppschinken und Birnenklößen**.

In Milch eingelegter Schinken wird gekloppt (geklopft) und kurz angebraten. Dazu werden traditionell Klöße aus einem Mehlteig mit Birnen und Speck in Sahnesauce gereicht!

Werner winkt zum Abschied, als Karlchens Zug abfährt. Die Fahrt geht vorbei am **Schweriner See**, durch die sanfte Hügellandschaft der **Mecklenburgischen Schweiz** bis an die **Mecklenburgische Seenplatte**.

Über 1 000 Seen, Flüsse und Kanäle machen die Mecklenburgische Seenplatte zum größten geschlossenen Seengebiet Europas!

Auf dem Weg nach Norden macht Karlchen noch einen Abstecher nach **Stavenhagen**, dort stehen die **Ivenacker Eichen**.

Die älteste dieser riesigen Eichen ist ca. 1300 Jahre alt. Ihr Stamm hat einen Umfang von 11 m, und sie ist 35,5 m hoch!

Hoch im Norden, auf der Insel **Rügen,** macht Karlchen eine Fahrt mit dem **Rasenden Roland**. Schon seit 1895 fährt diese Schmalspurbahn dort.

Sie fährt mit acht verschiedenen Dampfloks! Die älteste ist von 1914!

Dann segelt Karlchen mit dem Boot um das **Kap Arkona**, den nördlichsten Punkt Mecklenburg-Vorpommerns, an der Insel **Hiddensee** vorbei, die Küste entlang bis zur Hansestadt **Rostock**.

Im Mittelalter schlossen sich viele deutsche Handelsstädte an den Küsten zu einem Interessen- und Schutzverband zusammen, der **Hanse** (von althochdeutsch: hansa = Schar). Heute erkennt man viele der ehemals beteiligten Städte am Autokennzeichen.

HH und HRO stehen für Hamburg und Rostock! Und welche Städte verbergen sich hinter HL, HB, HGW, HST und HWI?

„Meine Damen und Herren an Gleis 5: Willkommen in **Hamburg Hauptbahnhof**!“, ertönt es aus dem Lautsprecher, als Karlchens Zug hält.

Karlchen ist sehr beeindruckt von der großen Bahnhofshalle. 1906 errichtet, spannt sie sich in freitragender Stahl-Glas-Bauweise 35 m hoch und 140 x 120 m breit über die Gleise.

Hamburg heißt offiziell
Freie und Hansestadt Hamburg
und ist ein sogenannter Stadtstaat, das heißt eine Stadt, die gleichzeitig ein Bundesland ist. Neben Hamburg gibt es mit Bremen und Berlin noch zwei weitere solcher Stadtstaaten in Deutschland.

Karlchen will seinen Freund Hans, den Schlepperkapitän, im Hafen besuchen. Auf dem Weg dahin kommt er an der **Speicherstadt** vorbei.

Die hohen Lagerhäuser sind auf stabilen Pfählen erbaut, die im Elbuntergrund verankert sind. Hier lagern Tee, Kaffee, Gewürze und vieles mehr, das aus aller Welt im **Hamburger Freihafen** ankommt.

Im Hafen wartet Hans schon auf ihn.

Moin, Karlchen! Komm an Bord!

Bei der Hafenrundfahrt ruft Karlchen staunend: „Ist der Hafen aber groß!“ „Er ist schließlich ein Seehafen“, antwortet Hans. „Auch wenn man bis zur See noch 100 km auf der Elbe fahren muss! Aufgrund seines Seehafens wird Hamburg auch das **Tor zur Welt** genannt!“

In der Kombüse bereitet Hans **Labskaus,** ein typisches Hamburger Gericht, für sie zu.

Labskaus, ursprünglich ein Essen der Seeleute, besteht aus Corned Beef oder gepökeltem Rindfleisch mit Kartoffelmus, Zwiebeln und Roter Bete. Dazu wird traditionell Spiegelei und Gewürzgurke oder Rollmops gereicht.

Und Hans erzählt noch mehr von seiner Stadt: „Hamburg ist die zweitgrößte Stadt Deutschlands. Mit unseren mehr als 2 000 Brücken über die Elbe, die Kanäle und die Alster haben wir sogar mehr als Venedig!

Unser Wahrzeichen ist der **Michel,** so nennen wir Hamburger liebevoll die **St. Michaeliskirche**.

Und wenn die Hamburger sagen, sie gehen zum **DOM**, dann meinen sie keine Kirche, sondern den größten Jahrmarkt im Norden!“

Von Küste zu Küste – Karlchen im Norden

Jetzt schaue ich mir das kleinste deutsche Bundesland an: **Bremen**! Und später kommt dann **Schleswig-Holstein** dran!

Die **Freie Hansestadt Bremen** bildet mit **Bremerhaven** einen Zwei-Städte-Staat. Bremen ist eine der ältesten deutschen Hafenstädte mit einer über 1000 Jahre alten Geschichte. Die Stadt hat immer wieder um ihre Freiheit kämpfen müssen, aber sie stets bewahrt. Seit 1404 steht das steinerne **Roland-Denkmal** auf dem historischen Marktplatz als Symbol für Bremens Stadtfreiheit.

Am Rathaus warten die **Bremer Stadtmusikanten** auf Karlchen. Esel, Hund, Katze und Hahn aus dem berühmten Märchen freuen sich sehr, ihn zu sehen. „Hallo, Karlchen!“, ruft der Esel. „Wie ich immer gern sage: Komm mit nach Bremen! Wir zeigen dir die Stadt, und mit dem **Schnoor** fangen wir an!“

Die historische Altstadt heißt **Schnoor**, weil die kleinen Häuser aus dem 15. und 16. Jahrhundert wie Perlen an der Schnur (Schnoor) aufgereiht sind.

Am Mittag kehren die Freunde in ein Gasthaus ein und bestellen **Kohl mit Pinkel**.

Kohl mit Pinkel besteht aus Grünkohl, Kartoffeln, Pinkelwurst und vielen anderen Zutaten. Alles wird zusammen gekocht. Typisch für Bremen ist, dass das Gericht bereits am Vortag gekocht und vor dem Essen noch ein paar Stunden zum Aufwärmen in den Ofen gestellt wird!

Nach ihrem Bremen-Bummel machen alle einen Strandspaziergang in **Bremerhaven**.

Bremerhaven hat an der Weser einen richtigen Sandstrand mit Ebbe und Flut. Die Gezeiten der Nordsee wirken hier bereits.

Bremerhaven entstand, weil die Weser im 19. Jahrhundert immer mehr versandete und große Schiffe nicht mehr bis nach Bremen kamen, um dort anzulegen. Die Stadt kaufte ein Stück Land an der Weser, das näher am Meer lag, und gründete dort den „Bremer Haven“.

Im **Deutschen Schifffahrtsmuseum** sind über 500 Schiffe aus allen Zeiten ausgestellt.

Einer der schönsten Festland-Leuchttürme an der deutschen Nordseeküste steht hier seit 1853.

Von der Wesermündung geht es zur Elbmündung. In Brunsbüttel, wo **Schleswig-Holstein** beginnt, trifft Karlchen seinen Freund Nils Nilsen, den Kutterkapitän. „Moin, moin!“, begrüßt er Karlchen an Bord.

Meine Heimat hier im Norden wird oft das **platte Land** genannt, weil die Landschaft fast überall so flach ist. Die höchste Erhebung, der **Bungsberg**, ist gerade mal 168 m hoch! Aber dafür erscheint der Horizont hier so weit wie nirgendwo sonst, und die schönen Küsten, Strände und Inseln sind immer eine Reise wert.

Auf dem **Nord-Ostsee-Kanal** (NOK) schippern Karlchen und Nils durch das Binnenland.

Der **NOK** ist die meistbefahrene Wasserstraße der Welt, eine von den drei sogenannten interozeanischen Wasserstraßen, also Kanälen, die zwei Meere verbinden. Weißt du, wie die anderen zwei heißen?

In Kiel endet der NOK. „Oh, toll, es ist gerade **Kieler Woche**!“, ruft Karlchen, „Die größte Segelsportveranstaltung der Welt!“ Die beiden bummeln über das Sommerfest und machen Halt an einer der Buden, um leckere **Fischbrötchen** zu essen.

Schleswig-Holstein ist berühmt für seine köstlichen **Fischbrötchen**. Ob mit Räucherfisch, Backfisch oder den echten Büsumer Nordseekrabben belegt: sie sind immer eine vollwertige Zwischenmahlzeit!

Nils muss zurück nach Brunsbüttel, und Karlchen macht sich auf in Richtung Lübeck. Die sanften Hügel, Wälder und Seen der **Holsteinischen Schweiz** bei Preetz, Plön und **Eutin** erinnern wirklich ein wenig an die Schweiz, findet Karlchen.

In **Lübeck** probiert Karlchen das weltberühmte **Lübecker Marzipan** und besichtigt das Wahrzeichen der Stadt, das **Holstentor**. Das einstige Stadttor entstand im 15. Jahrhundert!

Mit dem Boot segelt Karlchen durch die Lübecker Bucht zur **goldenen Krone im blauen Meer**. So wird die Insel **Fehmarn** wegen ihrer goldgelben Rapsfelder genannt.

Über die **Schlei**, die wie ein Fluss wirkt, aber eigentlich ein Meeresarm der Ostsee ist (man nennt das **Förde**), geht es weiter in den Nordwesten.

In St.-Peter-Ording macht Karlchen einen Strandspaziergang und schaut sich die markanten Pfahlbauten an.

Von **Husum** aus unternimmt er eine Tour zu den **Nordfriesischen Inseln**: Von **Nordstrand** über **Pellworm** (hier arbeitet der einzige Wattpostbote Deutschlands!), **Hallig Hooge**, **Amrum** und **Föhr** nach **Sylt**.

Erst ein kleiner **Helgoland**-Abstecher, dann schau ich mir die Ostfriesischen Inseln an!

Karlchen auf Fahrradtour – ab durch die „Mitte“!

Hab’ ich heute viele Inseln gesehen! Ich komme gerade von den 7 **Ostfriesischen Inseln**, die zu Niedersachsen gehören. Sie liegen in einer Reihe vor der ostfriesischen Küste und heißen **Wangerooge**, **Spiekeroog**, **Langeoog**, **Baltrum**, **Norderney**, **Juist** und **Borkum**.

Karlchen geht in der Mitte Deutschlands auf Tour. **Niedersachsen** macht den Anfang. In **Emden**, an der Emsmündung, besteigt er sein Fahrrad und radelt durch **Ostfriesland**.

Am **Jadebusen**, einer Meeresbucht bei **Wilhelmshaven**, macht er Halt und trinkt eine Tasse ostfriesischen Tee. Die Ostfriesen sind eifrige Teetrinker: ein Viertel des in Deutschland zubereiteten Tees trinken sie selbst!

Hier ist die Sicht auf die einmalige **Wattlandschaft** besonders schön! Im Wechsel der Gezeiten werden die Sand- und Schlickfelder der Küste zweimal am Tag vom Meer überflutet. Pflanzen und Tiere haben sich an die Umgebung angepasst. Diese Artenvielfalt steht unter Naturschutz. Kennst du die Namen der Gezeiten?

Vorbei an blühenden Rapsfeldern und vielen Windmühlen radelt Karlchen durch die Wälder, Wiesen und weiten Moorlandschaften des **Emslands**.

In **Schneverdingen** trifft Karlchen den Schäfer Mattis, der mit seinen Schafen durch die **Lüneburger Heide** zieht. „Hallo, Karlchen“, begrüßt ihn Mattis, „wie wär’s mit einer Portion **Spargel**? Wir haben hier den besten in Deutschland!“

Zum echten niedersächsischen Spargelessen gehören neben dem **Spargel** neue **Kartoffeln** (mit frischer Petersilie), **Katenschinken**, natürlich ebenfalls aus der Heide, und zerlassene Butter!

Beim Essen erzählt Mattis von seiner Heimat: „Niedersachsen ist vielseitig! Flachland, weite Heideflächen, Berglandschaften wie das Weserbergland, und nicht zu vergessen: Der **Harz**, das nördlichste Mittelgebirge Deutschlands!“

Wir Niedersachsen sind bekannt für unsere Pferdezucht, aber auch für unsere Autoindustrie (VW hat seinen Sitz in Wolfsburg). In unserer Landeshauptstadt Hannover fand 2000 die Weltausstellung **EXPO 2000** statt.

Auf dem Weg zum Harz sieht Karlchen sich bei **Goslar** das **Rammelsberg-Bergwerk** an, in dem über 1000 Jahre lang Erz gefördert wurde. Seit 1988 ist es ein Museum.

Bei seiner Fahrradtour durch den Harz hat Karlchen die Grenze zwischen Niedersachsen und **Sachsen-Anhalt** passiert, die mitten durch den Harz verläuft. Auf dem höchsten Berg, dem **Brocken** (1142 m), trifft Karlchen die Hexe Strohbesen-Käthe.

Sachsen-Anhalt hat viele Seiten: Das flache Land der Altmark, die Höhenzüge im Harz, fruchtbare Böden in der Magdeburger Börde, die Elbe mit ihren Auenlandschaften. Chemieindustrie und Braunkohlebergbau wie in Bitterfeld bestimmen ebenso das Landschaftsbild wie die Burgen und Weinberge in der Region Halle-Saale-Unstrut.

Zuerst besichtigen die beiden die Fachwerkstadt **Wernigerode** mit dem historischen Rathaus aus dem 15. Jahrhundert.

Auf dem Weg nach **Magdeburg**, der Landeshauptstadt, radelt Karlchen entlang der **Straße der Romanik**. Strohbesen-Käthe reitet auf ihrem Besen nebenher.

Die **Straße der Romanik** führt durch ganz Sachsen-Anhalt, vorbei an den schönsten und bedeutendsten Bauwerken vergangener Epochen!

In **Quedlinburg** machen sie Halt, um die berühmte Stiftskirche zu besichtigen, die dort 922, weithin sichtbar auf einem Berg, errichtet wurde.

In **Magdeburg** rasten sie am Elbufer. Mit Blick auf den Dom essen sie Würstchen, die Karlchen aus Halberstadt mitgebracht hat. Dort wurden 1896 erstmals weltweit Würstchen in Dosen hergestellt!

Zu den **Halberstädter Würstchen** passt besonders gut **Lehm und Stroh**. Diese regionale Spezialität besteht aus einer Portion Sauerkraut mit Erbsenpüree!

Entlang der Elbe geht es weiter nach **Dessau**. Dort ist die Heimat des **Bauhauses**. Die schlichten Formen der wichtigsten deutschen Kunstschule des 20. Jahrhunderts fanden auf der ganzen Welt in Bauwerken und Gebrauchsgegenständen Verbreitung.

Nach einem Ausflug in die „Lutherstadt" **Wittenberg** verabschiedet sich Strohbesen-Käthe. Karlchen radelt weiter in Richtung Süden.

Das Grab von **Martin Luther** befindet sich in Wittenberg. Hier soll er 1517 seine berühmten 95 Thesen an die Kirchentür genagelt haben. Diese Thesen führten zur sogenannten Reformation (das heißt Erneuerung), aus der die evangelisch-lutherische Kirche entstand.

In **Naumburg**, dem letzten Halt in Sachsen-Anhalt, bewundert Karlchen den Dom mit seinen berühmten mittelalterlichen Stifterfiguren Uta und Ekkehard.

Karlchen auf Fahrradtour – ab durch die „Mitte“!

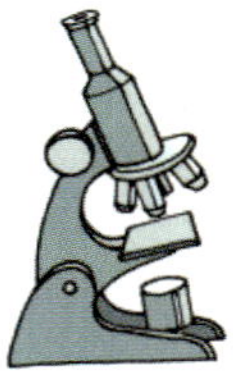

Karlchen radelt entlang der Saale bis nach **Jena**. Jena ist bekannt für die Glas- und Optikindustrie. Der bekannte Hersteller optischer Geräte (z.B. Mikroskope), Carl Zeiss, gründete hier 1846 seine erste Werkstatt.

Nach einem Besuch im ältesten noch erhaltenen Planetarium der Welt, das ebenfalls in Jena steht, fährt Karlchen weiter nach Weimar.

Weimar wird auch die „Klassikerstadt“ genannt. Johann Wolfgang von **Goethe** und Friedrich **Schiller**, die bedeutendsten Vertreter der Deutschen Klassik, haben dort gelebt. An ihrem Denkmal trifft Karlchen seinen Freund Theo.

Theo erzählt: „**Thüringen** wird auch **das grüne Herz Deutschlands** genannt, da es ein waldreiches und fruchtbares Bundesland ist. Die Landwirtschaft spielt hier eine wichtige Rolle.

In **Sondershausen** sehen sich die beiden das **Kyffhäuser-Denkmal** an. Im **Kyffhäusergebirge** soll der Legende nach der Stauferkaiser Barbarossa seit vielen Jahrhunderten schlafend auf seine Rückkehr warten.

Danach fahren die Freunde weiter nach **Erfurt** und besuchen dort die **Krämerbrücke**.

Bei schönstem Wetter radeln Karlchen und Theo durch den **Thüringer Wald**. Eine Zeit lang fahren sie auf dem **Rennsteig**, einem der beliebtesten Wanderwege, der insgesamt 168 km lang ist.

In **Eisenach** besichtigen sie die **Wartburg**, auf der Martin Luther im 16. Jahrhundert die Bibel vom Lateinischen ins Deutsche übersetzte.

Karlchen radelt durch die **Rhön** nach **Hessen** und genießt den Blick von der **Wasserkuppe**, Hessens höchstem Berg (950 m), auf die vielen bewaldeten Bergrücken, Kuppen und Hochebenen.

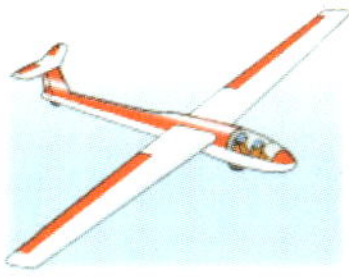

Bei Segelfliegern ist diese Region, die auch **Land der offenen Ferne** genannt wird, besonders beliebt.

„In Hessen kann man toll wandern“, denkt Karlchen. „Hier gibt es über 40 000 Wanderwege!“ Er radelt vorbei am **Vogelsberg**, dem größten Vulkan Deutschlands, der aber schon vor Millionen Jahren erloschen ist.

Ganz im Süden Hessens, im **Odenwald**, schaut sich Karlchen das hübsche Rathaus von **Michelstadt** an, das 1484 erbaut wurde.

In **Frankfurt** ist Karlchen mit Dennis Dax verabredet, der dort als Börsenmakler arbeitet.

Das **Rhein-Main-Gebiet** um Frankfurt ist eines der größten Industrie- und Wirtschaftszentren Deutschlands. Frankfurt ist Sitz der deutschen Börse, sein Flughafen ist das wichtigste Flugverkehrszentrum in Europa. Außerdem finden in Frankfurt die weltgrößte Buchmesse und die IAA (Internationale Automobil-Ausstellung) statt.

Frankfurt erinnert wegen seiner vielen Wolkenkratzer an amerikanische Städte wie New York. Kennst du Frankfurts Spitznamen?

Dennis muss gleich wieder zurück zur Börse, es bleibt gerade noch Zeit, in seiner Mittagspause gemeinsam essen zu gehen. Karlchen probiert eine Frankfurter Spezialität, **Handkäs mit Musik**.

Handkäs ist ein Sauermilchkäse, der in einer Marinade, der *Musik*, aus frischen Zwiebeln, Essig, Öl und Gewürzen serviert wird. Dazu gibt es Brot und ein Glas **Ebbelwoi** (Apfelwein).

Entlang der Lahn fährt Karlchen weiter nach **Marburg**. Hoch oben auf dem Landgrafenschloss genießt er die schöne Aussicht über das Lahntal.

Von hier aus radelt er ein Stück auf der **Deutschen Märchenstraße** in Richtung Kassel. Von Hanau, der Geburtstadt der **Brüder Grimm**, bis nach Bremen kann man an dieser „Straße“ die Schauplätze der bekannten **Kinder- und Hausmärchen** der Brüder Grimm besichtigen.

Das Märchen vom Rotkäppchen z.B. soll in **Schwalmstadt** entstanden sein! Noch heute erinnert die berühmte Schwälmer Rotkäppchentracht daran!

Unterwegs mit dem Schiff – Karlchen im Südwesten

Meine Reise beginnt in **Nordrhein-Westfalen** (NRW). Das bevölkerungsreichste Bundesland bietet vielseitige Eindrücke: Wiesen und Felder im Münsterland, Wanderparadiese in Sauerland und Siegerland, Industrielandschaften im Ruhrgebiet oder die romantische Burgenlandschaft des Rheinlands.

Karlchen ist auf der Weser bis zum **Wasserstraßenkreuz** bei **Minden** gefahren. Mit einer 341 m langen, trogartigen Brücke wird der Mittellandkanal dort über die Weser geführt.

Porta Westfalica heißt das Gebiet, wo die Weser zwischen Wesergebirge und Wiehengebirge wie durch ein Tor hindurchfließt. Viele Burgen wurden in dieser früher strategisch wichtigen Region gebaut.

Über den Mittelandkanal und den Dortmund-Ems-Kanal fährt Karlchen in südlicher Richtung bis nach Münster.

Die parkähnliche Landschaft des **Münsterlandes** mit seinen vielen Schlössern und Wasserburgen erkundet Karlchen auf dem Rücken eines Pferdes. – Das Münsterland ist bekannt für seine Pferdezucht!

Bei **Dülmen** gibt es die einzige Herde freilebender **Wildpferde** Europas! Die Dülmener Wildpferde sind klein und ponyähnlich. Einmal jährlich werden die einjährigen Hengste eingefangen und versteigert.

Karlchen ist hungrig und öffnet sein Proviantpaket: **Westfälischer Knochenschinken** auf **Pumpernickel**!

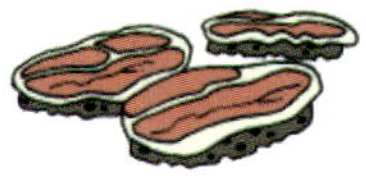

Dieses süßliche, besonders haltbare Roggenbrot ist eine westfälische Spezialität. Es wird nicht im Ofen gebacken, sondern in Dampf gegart. Rübenkraut verleiht ihm die dunkle Farbe.

Auf dem Rhein-Herne-Kanal geht die Fahrt nun weiter durchs **Ruhrgebiet**. In Bottrop trifft Karlchen Moritz, den Maulwurf, der dort im Steinkohlebergbau arbeitet.

Das **Ruhrgebiet** ist die größte Industrieregion Europas. Vor 200 Jahren begann man dort Kohle abzubauen. Später kamen andere Industriezweige wie Stahl- und Chemieindustrie hinzu. Heute leben und arbeiten hier über 5 Millionen Menschen. Die Städte sind dadurch so gewachsen, dass die Grenzen zwischen ihnen nicht mehr sichtbar sind!

Bei **Duisburg** bestaunt Karlchen den größten **Binnenhafen** Europas. Hier endet die Kanalfahrt. Ab jetzt geht es weiter auf dem Rhein!

Der **Rhein** ist ein großer europäischer Fluss mit insgesamt 1326 km Länge, 865 km davon in Deutschland. Er entspringt in der Schweiz, passiert dann als Grenzfluss Liechtenstein, Österreich und den Bodensee, markiert einen Teil der deutsch-französischen Grenze und fließt dann weiter durch Deutschland bis in die Niederlande, wo er in die Nordsee mündet.

Die beiden schippern gemütlich den Rhein hinauf. Moritz zeigt Karlchen die Sehenswürdigkeiten: „Da vorn ist unsere Landeshauptstadt Düsseldorf!

Östlich liegt das **Sauerland**, wo man toll wandern kann. Bei Attendorn liegt die **Attahöhle**, die größte Tropfsteinhöhle Deutschlands!“

Die nächste Station ist **Köln**. Schon von weitem kann Karlchen den **Kölner Dom** erkennen. An diesem Wahrzeichen wurde mehrere Jahrhunderte gebaut!

Eine echte Kölner Spezialität ist **Himmel un Ääd** (Himmel und Erde), ein Mus aus Kartoffeln (wachsen *in* der *Erde*) und Äpfeln (wachsen *über* der Erde, im *Himmel*), serviert mit gebratenen Zwiebeln, Speck und Blutwurstscheiben.

In **Bonn**, der früheren Hauptstadt der BRD, verabschiedet sich Moritz und zeigt nach Westen: „Dort liegt die westlichste deutsche Stadt, **Aachen**!“

Weißt du, an welche beiden Länder Aachen grenzt?

Südlich von Aachen liegt das **Hohe Venn**, ein deutsch-belgischer Naturschutzpark mit einem einzigartigen Hochmoorgebiet! Vom ursprünglich 1000 Hektar großen Moorgebiet sind noch 100 erhalten.

Karlchens Schiffsfahrt auf dem Rhein geht nun in **Rheinland-Pfalz** weiter. In Koblenz, am **Deutschen Eck**, wo die Mosel in den Rhein fließt, trifft er die Winzerin Rosi Riesling.

Der Weinanbau hat hier eine lange Tradition. Schon im 3. Jahrhundert gab es in diesem Gebiet die ersten von den Römern angelegten Weinberge. **Rheinhessen** ist das größte der sechs heutigen Anbaugebiete in Rheinland-Pfalz.

Karlchen fährt weiter auf dem Rhein. Etwas weiter südlich schippert er vorsichtig am **Loreleyfelsen** vorbei.

Bei **St. Goarshausen** gibt es eine gefährliche Stromschnelle im Rhein. Der Sage nach soll hier die schöne **Loreley** auf einem Felsen gesessen und ihre langen, blonden Haare gekämmt haben, was die Schiffer so ablenkte, dass sie mit ihren Schiffen in die Stromschnelle gerieten und untergingen!

Bei **Bingen** macht Karlchen einen großen Bogen um den **Mäuseturm**, einem ehemaligen Wachturm, der seinen Namen einer Mäuseplage im 10. Jahrhundert verdankt.

Auf der Nahe fährt er nach **Idar-Oberstein** und besucht das **Edelsteinmuseum**. Der Hunsrück ist berühmt für seine Edelsteinindustrie und die Schmuckherstellung.

Unterwegs mit dem Schiff – Karlchen im Südwesten

Die Landschaft in **Rheinland-Pfalz** ist sehr abwechslungsreich. Weinbepflanzte Flusstäler wechseln sich mit Mittelgebirgen ab.

Durch den **Pfälzer Wald**, die größte zusammenhängende Waldfläche Deutschlands, ist Karlchen bis nach Speyer gewandert. Der um 1030 erbaute **Dom zu Speyer** ist das älteste romanische Bauwerk Deutschlands.

Die **UNESCO**, eine Sonderorganisation der **UNO** (Vereinte Nationen), hat den Dom zum **Weltkulturerbe** ernannt. Auf der Welterbeliste der UNESCO stehen derzeit 788 Denkmäler in 134 Ländern. Sie stehen damit unter dem Schutz der UNO. Wegen ihres künstlerischen Wertes, ihres Alters, ihrer Seltenheit oder ihrer kulturellen Bedeutung für eine Epoche oder Region gelten sie als wertvoll für die gesamte Menschheit.

In Deutschland gehören derzeit 30 Denkmäler zum Welterbe. Viele Kirchen wie der Aachener Dom, Schlösser und Burgen wie die Wartburg in Eisenach, aber auch industrielle Baustätten wie die Völklinger Eisenhütte stehen auf der Liste. Auch historische Altstädte, z.B. in Wismar, oder Landschaften wie das Elbtal in Dresden gehören dazu. (http://www.Unesco.de)

Karlchen fährt den Rhein diesmal in nördliche Richtung hinunter. In der Landeshauptstadt **Mainz** geht er mit Rosi **Dampfnudeln** essen.

Pfälzer Dampfnudeln (**Dambnudle**) sind Hefeteigbällchen, die im Topf mit wenig Salzwasser dampfgegart werden. Traditionell werden dazu Weinsoße (**Woisoß**) oder Kompott und Vanillesoße gereicht.

Entlang des Rheins gibt es die größten Karnevalsfeiern in Deutschland. Die Größte in Rheinland-Pfalz ist der **Mainzer Karneval** mit seinem Karnevalsgruß „Helau!"

Die andere große Hochburg des Karnevals liegt in NRW: Köln. Kennst du den dortigen Karnevalsgruß?

Von Koblenz aus macht Karlchen eine Fahrt auf der **Mosel**, die sich in vielen Windungen durch eines der bekanntesten Weinanbaugebiete Deutschlands schlängelt.

Nördlich der Mosel, in der **Eifel**, erinnern die vielen **Maare** (Kraterseen) an die Vulkane, die es dort einst gab.

In **Trier**, der ältesten Stadt Deutschlands, besichtigt Karlchen das einzige noch erhaltene römische Stadttor, die **Porta Nigra**, dann setzt er seine Fahrt auf der Saar fort.

Den ersten Halt im **Saarland** macht Karlchen kurz hinter Mettlach. Hier macht die **Saar** ihre berühmte **Schleife**, eine 180-Grad-Wendung, und fließt danach zunächst in entgegengesetzter Richtung weiter!

Das **Saarland** verdankt seinen Namen dem Fluss, der es durchfließt, der Saar. Es ist nicht nur das kleinste Flächenland sondern auch das jüngste Bundesland der BRD. Erst seit 1957 gehört es dazu.

Auf der Fahrt nach Süden kommt Karlchen in die **Stadt der Wölfe**, **Merzig**. Im dortigen Wolfsgehege leben viele verschiedene Wolfsarten, z.B. Timber-, Arktis- und Polarwölfe, sibirische, kanadische, indische und europäische Wölfe.

In Saarlouis kommt Karlchens Freund Henri an Bord. „Bonjour, Karlschen!", ruft er.

Wir Saarländer fühlen uns in erster Linie als Europäer. In 200 Jahren mussten wir immerhin achtmal unsere Nationalität wechseln! Heute gehört das Saarland zu Deutschland, aber es gibt viele französische Einflüsse. Es besteht eine enge wirtschaftliche und kulturelle Zusammenarbeit mit Luxemburg und Lothringen in Frankreich. Daher nennt man diese Region auch **Saar-Lor-Lux**-Region.

In der Landeshauptstadt **Saarbrücken** gibt es viele deutsch-französische Einrichtungen, z.B. die **Deutsch-Französische Hochschule.**

Im **Deutsch-Französischen Garten**, in der Gulliver-Welt, stehen 67 Miniaturnachbildungen berühmter Bauwerke.

Karlchen und Henri kehren in ein Gasthaus mit regionalen Spezialitäten ein. Karlchen isst **Gefillte**, das sind mit Fleisch gefüllte Kartoffelklöße. Henri bestellt **Dibbelappes.**

Dibbelappes
ist ein Pfannengericht aus geriebenen Kartoffeln und Zwiebeln, die mit Ei, Speck und Gewürzen vermischt und unter ständigem Wenden knusprig gebraten werden.

Henri verabschiedet sich, und Karlchen fährt auf der Blies weiter durch die **Saarpfalz**. Das Wahrzeichen der Region steht bei **St. Ingbert**: Der **Stiefel**, ein durch Erosion verformter Buntsandsteinfelsen, der an einen umgedrehten Stiefel erinnert.

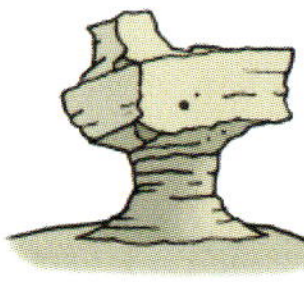

Letzte Station im Saarland ist **Homburg**. Dort besichtigt Karlchen die **Schlossberghöhlen**, die größten von Menschen angelegten Buntsandsteinhöhlen Europas.

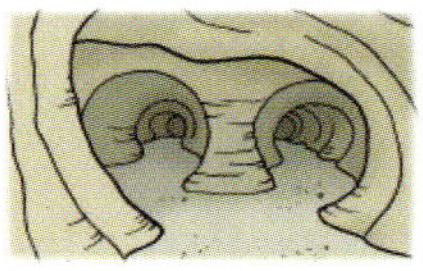

Karlchen auf der Piste – im Cabrio von Süd nach Ost

Karlchen beginnt seine Tour vom Süden in den Osten Deutschlands in **Baden-Württemberg**.

Seine Einwohner nennen es liebevoll **Ländle**, dabei ist Baden-Württemberg alles andere als klein. Das drittgrößte deutsche Bundesland liegt auch mit der Einwohnerzahl auf Platz 3! Zwei große Mittelgebirge, **Schwarzwald** und **Schwäbische Alb**, durchziehen das Land. Im Süden erstreckt sich der größte deutsche See, der **Bodensee**.

In **Heidelberg** schlendert Karlchen auf der **Alten Brücke** über den Neckar. Die Heidelberger Universität wurde 1368 gegründet und ist die älteste im heutigen Deutschland.

Weiter südlich dreht Karlchen ein paar schnelle Runden auf dem **Hockenheimring**, wo sonst internationale Formel-1-Rennen stattfinden.

Neben der Rennstrecke in Hockenheim gibt es noch eine zweite international bekannte Formel-1-Rennstrecke in Deutschland, und zwar in der Eifel. Weißt du, wie sie heißt?

In der Landeshauptstadt **Stuttgart**, wo viele deutsche Automobilhersteller ihren Sitz haben, besichtigt Karlchen das **Mercedes-Benz Museum**.

In Baden-Württemberg konstruierte **Gottlieb Daimler** Ende des 19. Jahrhunderts den Benzinmotor. Der Ingenieur **Carl F. Benz** baute zeitgleich das erste Automobil.

Im **Schwarzwald** trifft Karlchen seine Freundin Sonja, die traditionelle Tracht trägt.

Besonders bekannt sind die **Bollenhüte** mit ihren farbigen Wollkugeln. Rot bedeutete früher: die Frau ist unverheiratet; Schwarz: sie ist verheiratet.

Karlchen und Sonja machen einen Ausflug nach **Freiburg** und fahren dann entlang der Donau weiter bis nach Ulm.

Insgesamt ist die **Donau** 2860 km lang und nach der Wolga der zweitlängste Fluss Europas. Sie ist der einzige europäische Fluss, der von Westen nach Osten fließt und einer der wichtigsten Schifffahrtswege des Kontinents. Bis sie ins Schwarze Meer mündet, durchquert bzw. streift sie 10 Länder: Deutschland (547 km), Österreich, die Slowakei, Ungarn, Kroatien, Serbien, Rumänien, Bulgarien, Moldawien und die Ukraine.

In Ulm besichtigen sie das **Ulmer Münster** mit dem höchsten Kirchturm der Welt (162 m) und essen in einem Gasthaus eine typische Spezialiät: **Schwäbische Maultaschen**.

Schwäbische Maultaschen sind Taschen aus Nudelteig mit einer Füllung aus Fleisch, Spinat und Zwiebeln, die in Fleischbrühe gekocht und als Suppenbeilage serviert werden!

Karlchens Fahrt geht in **Bayern** weiter, dem beliebtesten Ferienziel in Deutschland! Weitere wichtige Wirtschaftszweige neben der Touristik sind Landwirtschaft, Automobil- und High-Tech-Industrie.

In **Augsburg** trifft Karlchen seinen Freund Ottfried. „Grüß Gott, Karli!", ruft er. „Ich zeige dir die **Stadt in der Stadt**, die **Fuggerei**!"

Die **Fuggerei**, benannt nach ihrem Gründer, dem Handelsherrn **Jakob Fugger**, ist die älteste Sozialsiedlung der Welt. Sie wurde 1526 für schuldlos verarmte Bürger gegründet. Bis heute kostet die Jahresmiete einen **Rheinischen Gulden**, das sind ca. 88 Eurocent!

Entlang der Lech fahren Karlchen und Ottfried bis nach Füssen am Rand der **Alpen**. Die Alpen sind eine europäische Gebirgskette, deren nördlicher Teil zu Deutschland gehört.

Der höchste Berg in den deutschen Alpen ist die **Zugspitze** (2964 m). Der höchste Berg der Alpen liegt in der Schweiz und ist der **Montblanc** (4807 m).

In einem Gasthaus am schönen Starnberger See essen sie warmen **Bayerischen Leberkäs** mit **Brezen**.

Bayerischer Leberkäs ist ein Fleischkäse, der im Ofen gebacken wird, wodurch er seine typische braune Kruste erhält. **Brezen** oder **Laugenbrezel** sind aus Hefeteig und werden vor dem Backen in Natronlauge kurz abgekocht, mit Salz bestreut und braun gebacken.

Dann fahren die zwei nach **München**. Karlchen erkennt schon von weitem die Zwillingstürme der Ende des 15. Jahrhunderts erbauten **Frauenkirche**, dem Wahrzeichen der Landeshauptstadt.

München ist eine der bekanntesten deutschen Städte weltweit, nicht zuletzt wegen des **Oktoberfestes**. Jeden Herbst besuchen Millionen dieses große Volksfest mit seinen vielen Bierzelten und Jahrmarktattraktionen auf der **„Wiesn"**, dem traditionellen Festplatz.

„Servus, Karli!" verabschiedet sich Ottfried. Karlchen fährt nach Norden. In **Regensburg** geht er auf der **Steinernen Brücke** über die Donau. Diese älteste Steinbrücke Deutschlands stammt aus dem 12. Jahrhundert!

Danach wandert Karlchen durch den **Bayerischen Wald** und die **Fränkische Alb** nach Nürnberg.

Im **Bayerischen Wald**, dem bekanntesten Nationalpark Bayerns, leben Bären, Luchse und andere Tiere, die in Deutschland selten geworden sind!

In **Nürnberg** spaziert Karlchen durch die schöne Altstadt und probiert die original **Nürnberger Lebkuchen**!

Letzte Station in Bayern ist das **Fichtelgebirge**. Hier liegt die **Hauptwasserscheide** zwischen der Nordsee und dem Schwarzen Meer.

Karlchen auf der Piste – im Cabrio von Süd nach Ost

Karlchens Fahrt geht weiter nach **Sachsen**. Er fährt durch das **Vogtland**, das bekannt für seine Musikinstrumente ist.

Karlchen bewundert das Wahrzeichen des Vogtlandes, die 1851 fertiggestellte **Göltzschtalbrücke** bei Netzschkau, und fährt weiter nach **Zwickau**. Im Automuseum schaut er sich einen **Trabi** an.

In der früheren DDR gab es zwei Automarken. In Zwickau wurde bis 1990 der **Trabant**, auch Trabi genannt, gebaut. Die zweite Marke hieß **Wartburg**.

Karlchen macht einen Ausflug nach **Seiffen** im **Erzgebirge**. Dort arbeitet sein Freund August als Spielzeugbauer. Seiffen ist berühmt für seine Nussknacker, Drehpyramiden und anderes weihnachtliches **Holzspielzeug**.

Auf der Fahrt in den Norden erzählt August von seiner Heimat: „Sachsen ist in drei große Gebiete um die drei größten Städte, Leipzig, Chemnitz und Dresden, aufgeteilt."

Viele Burgen und Schlösser, romantische Täler, Seen und Talsperren und natürlich das schöne **Elbtal** locken viele Touristen nach Sachsen! Die Felsenlandschaft des **Elbsandsteingebirges** mit seinem 200 m hohen Wahrzeichen, der **Bastei**, wird auch die **Sächsische Schweiz** genannt.

In Leipzig stärken Karlchen und August sich mit einer großen Portion **Leipziger Allerlei**.

Leipziger Allerlei ist ein Gemüsegericht aus Erbsen, Spargel, Karotten und Morcheln. Oft sind auch Kohlrabi, Bohnen und Blumenkohl dabei. Traditionell wird es mit Flusskrebsschwänzen, zerlassener Krebsbutter und Semmelklößchen serviert.

An der Elbe geht es weiter nach **Meißen.**

Hier wird das sogenannte **Weiße Gold** hergestellt. Welches berühmte Produkt verbirgt sich hinter dieser Bezeichnung?

In der Landeshauptstadt **Dresden** besichtigen sie die berühmte **Semperoper** aus dem 19. Jahrhundert und spazieren auf der **Brühlschen Terrasse** die Elbe entlang.

Als mein Namensvetter **August der Starke** (1670–1733) Kurfürst in Sachsen war, entstanden in seiner Residenz Dresden viele barocke Prachtbauten wie der **Zwinger**. Früher wurde Dresden mit seiner barocken Architektur auch das **deutsche Florenz** genannt.

Letzte Station ist die **Oberlausitz**. Hier und in der **Niederlausitz** (in Brandenburg) leben über 30 000 **Sorben**, eine slawische Volksgruppe. Sie haben sich ihre eigene Kultur und Sprache bewahrt.

Alle Ortsschilder in der **Lausitz** sind zweisprachig: Sorbisch und Deutsch!

Karlchen fährt nun durch **Brandenburg** und genießt die Vielseitigkeit der Landschaft. Es gibt zahlreiche Seen, und Flüsse durchziehen Heide und Moore, Wiesen, Felder und Wälder.

Erste Station ist die **Niederlausitz**. Riesige Schaufelradbagger graben dort in der Erde nach Braunkohle und hinterlassen große Krater in der Erde.

Die **Niederlausitz** ist nach dem Rheinland das zweitgrößte **Braunkohletagebau**-Gebiet in Deutschland! Sogar ganze Dörfer mussten umziehen, um Platz für den Kohleabbau zu schaffen.

In **Cottbus** wird Karlchen von seinem Freund Fritz zu einer Spreewaldtour abgeholt. „Hallo, Karlchen! Dein Auto musst du für diese Tour stehenlassen!"

Früher war der **Spreewald** ein Sumpfgebiet, das von den ersten Siedlern entwässert wurde. Es enstand eine Landschaft aus Wald, Wiesen und Ackerflächen, durchzogen von unzähligen Bächen und Kanälen, die heute noch traditionell mit flachen Holzkähnen befahren werden!

Den Kofferraum gefüllt mit einer regionalen Spezialität, **Spreewälder Gurken**, fahren sie entlang der Oder nach Norden.

Im nördlichen Oderbruch halten sie beim **Schiffshebewerk Niederfinow** am Oder-Havel-Kanal. Hier können Schiffe mit einem Aufzug 36 m hochgehoben werden, um den Höhenunterschied auszugleichen!

Die zwei fahren in die Region **Prignitz** im Nordwesten. In Bad Wilsnack besichtigen sie die älteste und größte Wasserburg Norddeutschlands, die **Plattenburg**.

Viele seltene Tiere leben hier. In **Rühstädt**, einem Dorf nahe Bad Wilsnack, gibt es die meisten **Störche** in ganz Deutschland, 40 Brutpaare!

Brandenburg ist berühmt für seine **Schlösser**. Karlchen und Fritz sehen sich **Rheinsberg** im Norden und **Oranienburg** nördlich von Berlin an.

Nach einem Ausflug ins **Havelland**, wegen seiner vielen Obstplantagen auch die **Obstkammer Brandenburgs** genannt, besichtigen sie das prächtigste Schloss in Brandenburg.

Der Preußenkönig **Friedrich der Große** (1712–1786) ließ in seiner Residenz **Potsdam** das berühmte **Schloss Sanssouci** (französisch für „ohne Sorge") bauen.

Karlchen probiert noch eine brandenburgische Spezialität, **Plinsen**, bevor er das nächste Bundesland besucht, das mitten in Brandenburg liegt – Berlin!

Plinsen aus der **Niederlausitz**, das sind kleine, runde Eierpfannkuchen, die mit Zucker, Apfelmus oder Marmelade serviert werden. Zusammengerollt oder im Stück, warm oder kalt – Plinsen sind immer lecker!

Bundeshauptstadt Berlin

Nun besuche ich die Hauptstadt Deutschlands: **Berlin**! Ca. 3,4 Millionen Menschen leben hier. Mit einer Fläche von rund 900 km² ist Berlin die größte Stadt Deutschlands.

Es ist ein sonniger Tag. Karlchen hat die Badehose eingepackt und verbringt den Vormittag am **Wannsee**, Berlins beliebtestem Freibad. Der 1,3 km lange und 80 m breite Sandstrand gefällt ihm besonders gut!

Am Mittag trifft Karlchen seinen Freund Emil, den Bären, am **Ku'damm**. So nennen die Berliner den Kurfürstendamm.

Der 3,5 km lange **Ku'damm** ist Berlins bekannteste Straße und führt durch die Stadtteile Charlottenburg und Wilmersdorf. Hier gibt es Restaurants, Cafés und Kinos. Viele Geschäfte laden zum Einkaufsbummel ein.

Direkt am Ku'damm steht die im 2. Weltkrieg zerstörte **Kaiser-Wilhelm-Gedächtniskirche**. Nur der Westturm blieb stehen und wurde als Mahnmal gegen den Krieg erhalten. Später wurden ein neuer, schlichter Turm und ein achteckiges Kirchenschiff hinzu gebaut.

Wir Berliner sagen **Hohler Zahn**, **Lippenstift** und **Puderdose** dazu!

Emil zeigt Karlchen das **KaDeWe**, das Kaufhaus des Westens, das mit seinen acht Stockwerken das größte Kaufhaus Deutschlands ist.

In einem Café bestellt Karlchen einen Pfannkuchen. Als seine Bestellung kommt, ruft er: „Aber das ist ja ein **Berliner**!" Emil lacht. „Hier heißen sie eben Pfannkuchen!"

Berliner heißen in Berlin Pfannkuchen! Die in Fett gebackenen Hefekrapfen haben eine Füllung aus Marmelade und sind außen von Puderzucker oder Zuckerguss umhüllt!

Am nächsten Tag holt Karlchen Emil zu Hause im **Zoologischen Garten** ab. Der Berliner Zoo wurde 1844 eröffnet und ist der älteste und größte Zoo Deutschlands. 14 000 Tiere von 2 000 Arten leben hier!

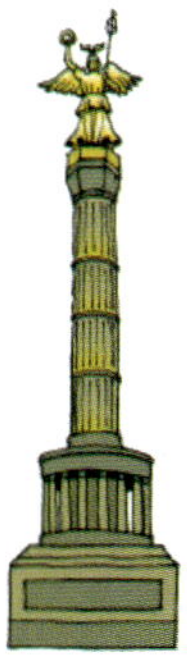

Die Freunde spazieren durch den **Tiergarten** bis zum **Großen Stern**. Fünf Straßen gehen sternförmig von diesem großen Platz ab. In der Mitte steht die **Siegessäule**. Das 1864 erbaute, 67 m hohe Denkmal mit der vergoldeten Statue der **Siegesgöttin Viktoria** erinnert an die Siege Preußens. Von ganz oben, auf dem mit einem Adler geschmückten Helm der Viktoria, hat Karlchen eine tolle Aussicht auf Berlin!

Wir Berliner nennen die Siegessäule **Gold-Else!** Von der Aussichtsplattform in 48 m Höhe kannst du den **Langen Lulatsch**, die **Größte Glühbirne der Stadt** und den **Telespargel** sehen! Weißt du, welche Gebäude sich hinter diesen typisch berlinerischen Spitznamen verbergen?

Am Ende des Tiergartens, auf dem Pariser Platz, steht Berlins Wahrzeichen, das **Brandenburger Tor**. Es wurde 1788–91 als Stadttor erbaut. Gekrönt wird das Tor durch die **Quadriga**. Der römische Wagen, gezogen von vier Pferden, wird von der Siegesgöttin Viktoria gelenkt.

Durch die Teilung Deutschlands nach dem 2. Weltkrieg verlief die Grenze mitten durch Berlin. Von 1961 bis 1989 bestand sie in Form einer Mauer, die teilweise quer durch Häuser und Straßen ging. Das Brandenburger Tor lag auf der Grenzlinie und wurde zugemauert. Nach dem Mauerfall wurde es restauriert und 2002 wiedereröffnet.

Die Mauer ist heute aus Berlin verschwunden. An der Bernauer Straße hat man ein Stück als Gedenkstätte stehen lassen. Dort, wo früher die Mauer stand, verläuft heute eine Markierungslinie aus einer doppelten Reihe Pflastersteine, die den Straßenbelag unterbricht.

Der 1884–94 erbaute **Reichstag** lag ebenfalls im „Niemandsland“ der Grenze und stand Jahrzehnte leer. Nach der Wiedervereinigung wurde er umgebaut und mit einer neuen Kuppel versehen. Sie ist aus Glas, begehbar, und wird nachts erleuchtet. Sie ist ein Zeichen für die Weltoffenheit und die demokratischen Grundsätze des wiedervereinigten Deutschlands. Der Reichstag ist heute der Sitz des Deutschen Bundestages.

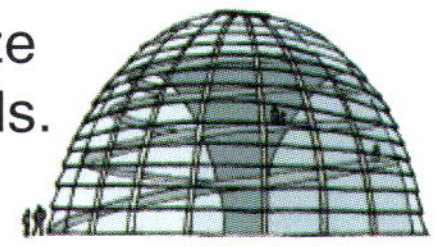

Der **Potsdamer Platz**, ebenso lange Jahre ein Brachland direkt an der Mauer, hat sich noch stärker verändert. Heute stehen dort riesige, architektonisch spektakuläre Gebäude, in denen sich unter anderem Kinos, Geschäfte, Restaurants und Theater befinden.

„Jetzt habe ich ganz Deutschland gesehen“, sagt Karlchen. „Wie feiern wir das?“ „Mit einer echten Berliner Erfindung, der Currywurst!“, ruft Emil.

Currywurst: Das ist eine in Stücke geschnittene Bratwurst in einer leckeren Curry-Ketschup-Soße, über die zusätzlich noch Currypulver gestreut wird!

Auf Berlins Prachtallee **Unter den Linden** lassen sie den Tag ausklingen, und Karlchen denkt: „Ich lebe wirklich in einem schönen und vielseitigen Land!“

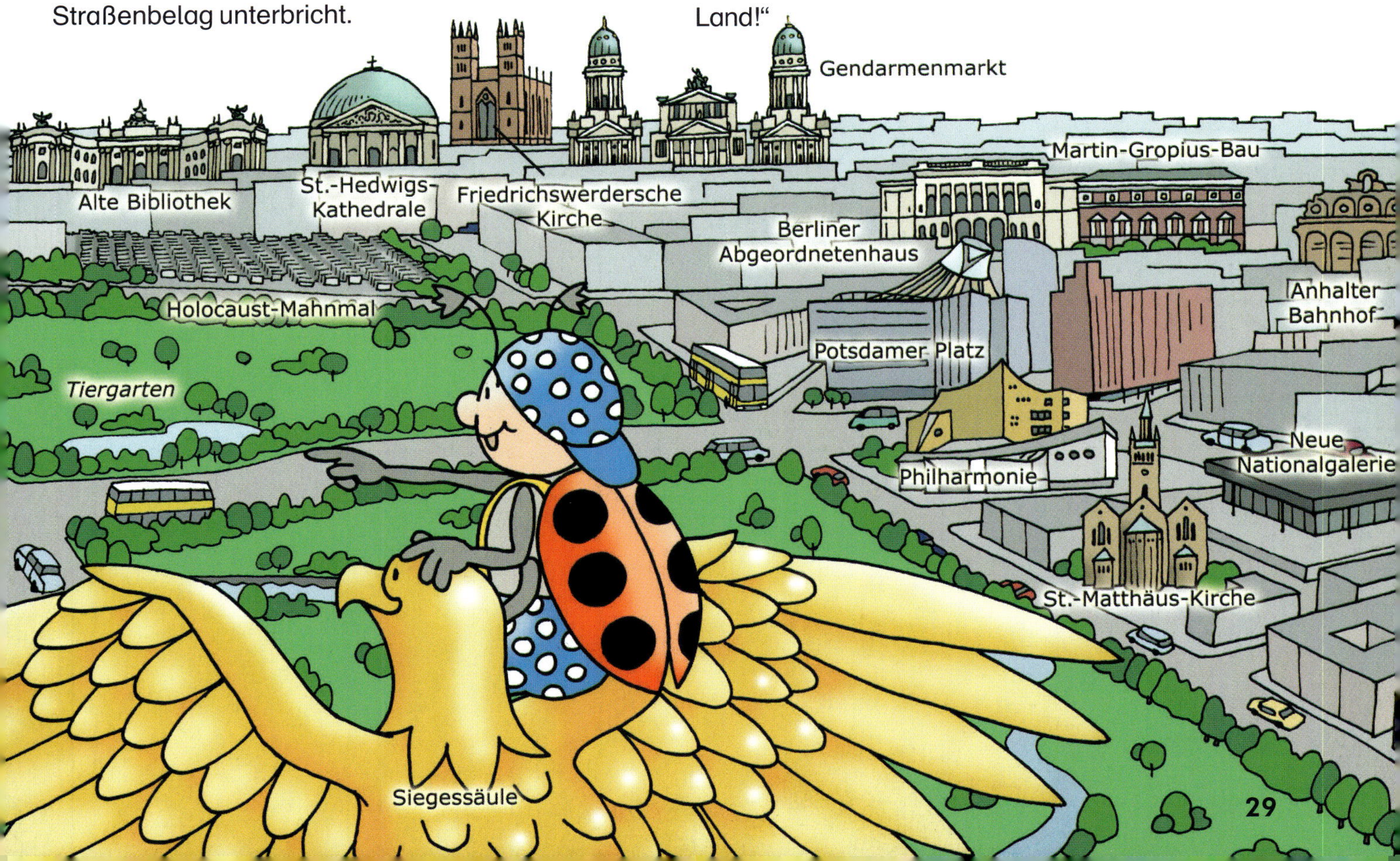

Karlchens Deutschland-Spiel

Für dieses Spiel brauchst du einen Würfel und für jeden Mitspieler eine Spielfigur.

Und schon geht's los: Auf zum Wettlauf durch Deutschland! Wer als erster die Zugspitze erreicht, hat gewonnen. Gestartet wird auf Sylt im Norden Deutschlands. Wer zuerst eine 6 würfelt, fängt an!

Reihum zieht jeder auf der gelben Reiseroute so viele Felder vor, wie er gewürfelt hat.

Landest du auf einem grünen Feld, kannst du eine Abkürzung nehmen! Setze deine Figur auf das grüngelb markierte Endfeld der Abkürzung.

Kommst du auf ein rotes Feld, musst du mit den nächsten Würfen dem rot markierten Umweg folgen. Das Ende des Umwegs ist rotgelb markiert.

Gerätst du auf ein blaues Feld, machst du eine Pause. Das heißt, du setzt einmal aus.

Gewonnen hat, wer als erster mit einem direkten Wurf das Zielfeld erreicht.

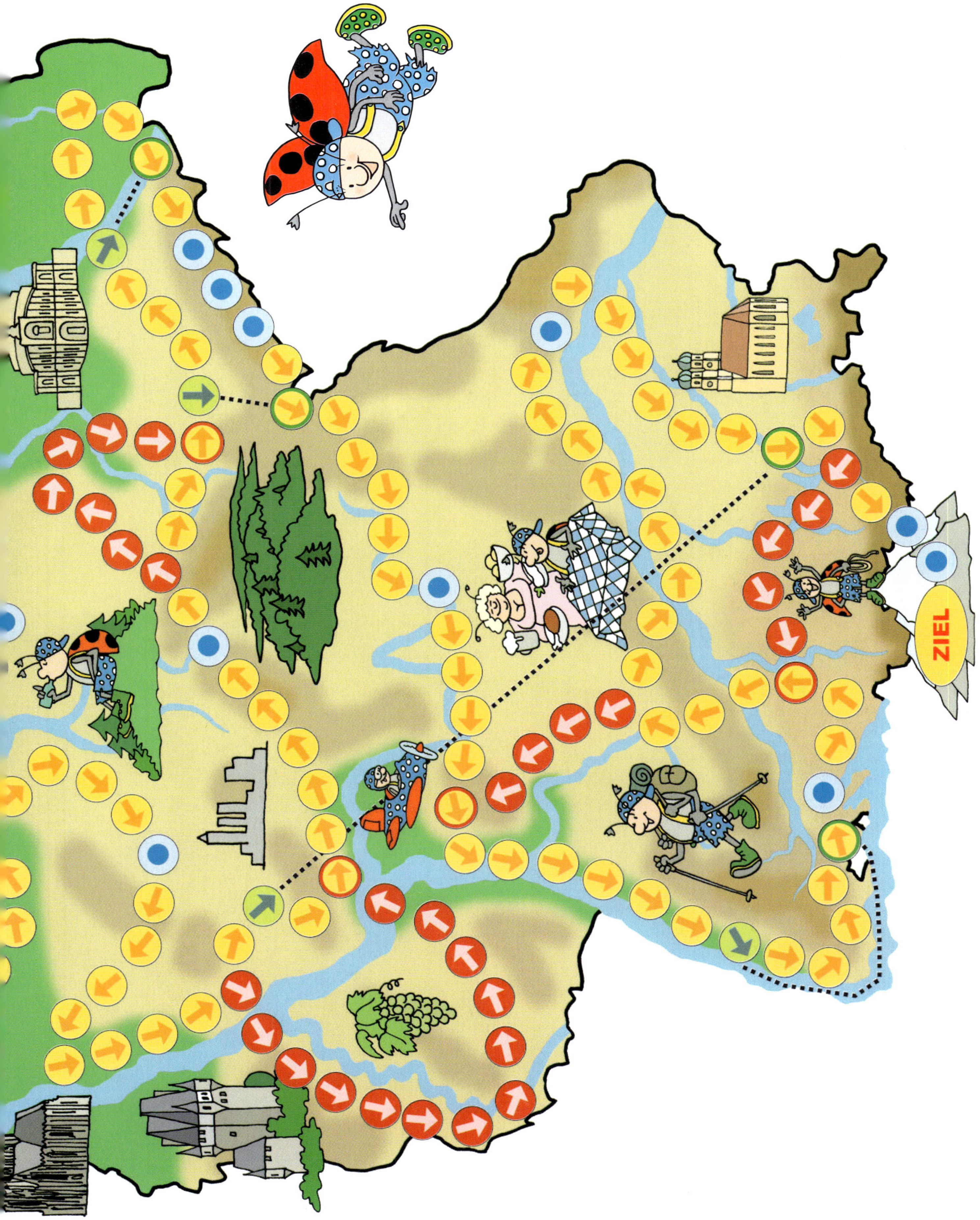
ZIEL

Lösungen

Seite 12:
Diese Städte verbergen sich hinter den Autokennzeichen:
HB = Hansestadt Bremen und Stadt Bremerhaven, HGW = Hansestadt Greifswald,
HST = Hansestadt und Landkreis Stralsund, HWI = Hansestadt Wismar.

Seite 15:
Die zwei anderen interozeanischen Wasserstraßen sind:
Der Panama-Kanal (er verbindet den Pazifischen mit dem Atlantischen Ozean).
Der Suez-Kanal (er verbindet den Indischen Ozean mit dem Mittelmeer).

Seite 16:
Die Gezeiten heißen Ebbe (Niedrigwasser) und Flut (Hochwasser).

Seite 19:
Im New Yorker Stadtteil Manhattan stehen besonders viele hohe Wolkenkratzer.
Im hessischen Frankfurt am Main stehen ebenfalls viele Wolkenkratzer.
Der Spitzname ergibt sich aus der Mischung von Main und Manhattan = Mainhattan.

Seite 21:
Die westlichste deutsche Stadt Aachen grenzt an Belgien und die Niederlande.

Seite 22:
Der Kölner Karnevalsgruß lautet „Kölle Alaaf!“.

Seite 24:
Die zweite international bekannte Formel-1-Rennstrecke in Deutschland ist der Nürburgring in der Eifel.

Seite 26:
In Sachsen verbirgt sich hinter dem Namen „Weißes Gold“ das berühmte Meißner Porzellan.

Seite 29:
Diese Gebäude verbergen sich hinter den Berliner Spitznamen:
Langer Lulatsch = der Funkturm auf dem Messegelände im Stadtteil Charlottenburg.
Größte Glühbirne der Stadt = die nachts beleuchtete Glaskuppel des Reichstagsgebäudes.
Telespargel = der ehemalige Funkturm Ost am Alexanderplatz.

ISBN 3-8212-2896-2

Am Hehsel 40, 22339 Hamburg
Konzeption und pädagogische Beratung: Ulrike Pohlmann
Text: Anke Nixdorf
Illustrationen: Axel Dissmann & Sebastian Haug
Satz: waterkant, Hamburg
Printed in Italy

Standort
S. 12/13
Standort
S. 14/15
Standort
S. 20/21
Standort
S. 26/27
Standort
S. 16/17
Standort
S. 18/19
Standort
S. 22/23
Standort
S. 24/25